AF370248

LES

NOCES D'ARGENT

DE

Monsieur l'Abbé Gosselin

CHANOINE HONORAIRE

PREMIER CURÉ DE N.-D. DE L'IMMACULÉE-CONCEPTION

D'ELBŒUF

SOUVENIR PAROISSIAL

ROUEN

E. MÉGARD & Cⁱᵉ

4, RUE MOITEUSE, 4

M DCCC LXXXVII

NOCES D'ARGENT

DE

Monsieur l'Abbé GOSSELIN

37684

8 DÉCEMBRE 1862. — 8 DÉCEMBRE 1887.

LES NOCES D'ARGENT

DE

M. l'abbé GOSSELIN

CHANOINE HONORAIRE

PREMIER CURÉ DE N.-D. DE L'IMMACULÉE-CONCEPTION

SOUVENIR PAROISSIAL

ROUEN

MÉGARD & Cⁱᵉ

4, RUE MOITEUSE, 4

—

M DCCC LXXXVII

Il y avait grande fête le jeudi 8 décembre
dernier, dans la paroisse de l'Immaculée-
Conception, à Elbeuf : c'était l'anniversaire,
jour pour jour, de la prise de possession de
cette église par M. l'Abbé Gosselin, il y a vingt-cinq
ans, le 8 décembre 1862. On célébrait donc tout à la
fois les noces d'argent du vénérable pasteur, comme
premier curé de la paroisse et les noces d'argent de la
paroisse elle-même.

Sauf le rayon de soleil qui ne se commande pas, on
peut dire que rien n'a manqué à cette belle fête de
famille. Toute la paroisse était debout, et les plus

empressés prenaient leur place dans l'église, dès sept heures du matin, pour la cérémonie qui devait commencer à neuf heures.

Tous les prêtres du canton, M. le Directeur et MM. les Professeurs de l'école Fénelon, les anciens vicaires de la paroisse, les prêtres nés sur la paroisse, MM. les Membres du Conseil de Fabrique, les nombreux amis de M. le Curé, tous fidèles au rendez-vous de l'amitié, étaient réunis, à neuf heures, au presbytère, pour y saluer le Pasteur et attendre la venue de S. G. Monseigneur l'Archevêque, qui avait bien voulu promettre de présider cette belle fête.

Descendu la veille chez M. le Doyen, Monseigneur est arrivé à l'heure dite au presbytère de l'Immaculée, et les présentations d'usage ont eu lieu. A neuf heures un quart, usant d'un privilège gracieusement accordé par M. le Maire (qui lui-même, il s'est plu à le dire, eût été présent à la fête si sa santé le lui eût permis), le clergé paroissial s'est rendu processionnellement au presbytère pour y prendre Monseigneur l'Archevêque et M. le Curé, et les amener solennellement à l'église, au chant du *Benedictus*.

En tête de la procession marchaient, sur deux rangs, les élèves des écoles des Frères et ceux des autres classes sous la conduite des maîtres et maîtresses, puis un grand nombre de jeunes filles en blanc, toutes élèves du pensionnat des sœurs d'Ernemont. Cette procession s'est faite dans le plus grand ordre.

On arrive à l'église; elle est magnifiquement ornée, resplendissante de fleurs et de lumières; on y remarque

des candélabres superbes, des canons d'autel, un pupitre-
crédence et, par-dessus tout, le magnifique ornement en
soie blanche relevé par de riches broderies à l'italienne,
tous ornements offerts au Pasteur par une souscription
paroissiale des plus généreuses.

Arrivé au pied de l'autel, M. le Curé, en présence du
Pontife qui avait pris place au trône, a renouvelé, à
haute et intelligible voix, sa profession de foi. Rien de
plus imposant que ce spectacle, rien de plus touchant à
entendre que ce beau vieillard, redisant au milieu de
son peuple la foi de ses jeunes années et affirmant ainsi
solennellement les principes dans lesquels il n'a jamais
cessé de le diriger.

Après cette cérémonie, M. le Curé a commencé la
Messe, Messe solennelle, pendant laquelle plusieurs
artistes de talent se sont fait entendre à la satisfaction
générale, sous la direction habile de M. Dupré, orga-
niste de la paroisse. Toutes les fonctions de l'autel et
du chœur étaient remplies par les prêtres du canton et
les anciens vicaires de M. le Curé.

Après l'Evangile, le spectacle devient plus imposant
encore. Monseigneur descend de son trône et vient aux
barrières du chœur. Tous les prêtres présents forment
autour de lui comme une couronne. M. le Curé se tient
debout au milieu de son peuple, en face du Pontife; alors,
M. le Curé-Doyen de Saint-Jean adresse, en ces termes, à
Monseigneur les souhaits de circonstance et de bienvenue :

« MONSEIGNEUR,

« Ce sera une bien belle page dans les annales de
votre Pontificat que celle qui racontera aux générations

futures et cette attention bienveillante et cette sollici-
tude paternelle dont vous vous plaisez à entourer les
glorieux vétérans de votre clergé.

« Naguère encore, j'eus l'honneur d'en être témoin :
C'était au petit Séminaire du Mont-aux-Malades où vous
aviez bien voulu honorer de votre présence les noces
d'or d'un de vos vénérables chanoines. La fête fut bien
belle. Ce jour-là, la reconnaissance, l'admiration, la joie
débordaient de tous les cœurs. Mais ici, Monseigneur,
je me plais à le reconnaître, un spectacle non moins
imposant, non moins touchant s'offre en ce moment à
nos yeux et nos cœurs en sont tout émus.

« Ah! c'est qu'ici votre Grandeur est venue glorifier
le Pasteur au milieu même de son troupeau! Ici, c'est le
Père que vous surprenez au milieu de ses enfants, et le
Père et le Pasteur, encore au travail, après quarante-sept
ans de sacerdoce. Oui, c'est le Pilote debout sur son
navire que vous trouvez là, Monseigneur, tenant encore
en main le gouvernail avec une fermeté qui ne se dément
pas, avec une prudence, un zèle et une douceur qui ont
su lui gagner l'estime, la reconnaissance et l'amour de
tous les chers passagers qu'il a reçu mission de conduire
au port de l'immortelle patrie.

« Ah qu'il est beau, n'est-il pas vrai, de le voir ainsi
à l'œuvre sous sa couronne de cheveux blancs ! Et
comme nous, ses confrères, nous sommes heureux,
comme ses chers vicaires, ceux d'aujourd'hui et ceux
d'autrefois, comme tous ses enfants aussi, sont heureux
et fiers de vous voir, Monseigneur, répondre au vœu
de leur cœur en présidant la fête des noces d'argent

de ce Pasteur, qu'ils chérissent autant qu'ils le vé-
nèrent.

« Et puis, Monseigneur, cette fête qui est celle du
Pasteur, n'est-elle pas aussi celle du troupeau? Ne
sont-ce pas aussi ses noces d'argent, à Elle, cette belle
paroisse de l'Immaculée-Conception? Oui, Monseigneur, vous honorez aujourd'hui tout à la fois et le
Pasteur et le troupeau. C'est bien ainsi d'ailleurs qu'il
l'a compris le héros bien-aimé de cette fête, car, je le
sais, sa modestie voulait décliner les honneurs de ce
jour. Il ne s'est rendu qu'à la pensée que son cher
peuple aurait sa large part dans le haut témoignage de
Votre paternelle présence.

« Quant à moi, qu'il a bien voulu choisir pour prendre
la parole en ce solennel anniversaire, il entrerait bien
dans mon rôle de raconter ici l'œuvre de vingt-cinq
années d'un ministère aussi fécond que le sien. Mais, à
quoi bon, lorsque l'œuvre parle si haut d'elle-même?

« Le 8 décembre 1862, ceux qui ont salué l'arrivée de ce
vénérable confrère, plus jeune alors de vingt-cinq ans,
ont pu le voir prendre possession d'une Église qui
n'était pas même à moitié construite, ils ont pu le voir
célébrer pendant de longs mois et même pendant plusieurs années sur un autel provisoire des plus modestes,
et, aujourd'hui! nous sommes réunis dans une des
églises les plus élégantes et les plus gracieuses de votre
diocèse. Qui pourra dire les pas, les démarches, les
calculs, les soucis, les fatigues, les veilles du Pasteur
pour atteindre un si beau résultat?

« Mais aussi combien belles ont brillé pour lui cha-

cune des aurores qui se levaient pour éclairer chacun
de ses succès ! Qu'elle fut belle l'aurore qui vit couronner par la croix la flèche élégante qui surmonte ce
temple ! Qu'elle fut belle l'aurore du jour qui vit le
Pasteur monter pour la première fois à ce magnifique
autel ! Et celle du jour où ces cloches, les plus imposantes
et les plus harmonieuses de la contrée, répandirent aussi
pour la première fois dans les airs leurs solennelles
volées ! Et celle du jour enfin où les accents sublimes
de ces orgues ont retenti sous les voûtes sacrées de ce
temple. Trois fois le grand Cardinal a voulu venir célébrer les gloires de cette église, trois fois le cœur du
Pasteur a tressailli, et vous, aujourd'hui, Monseigneur,
vous venez mettre le comble à sa joie et à la joie du
troupeau.

« Le voyez-vous, Monseigneur, ce troupeau bien-
aimé se pressant autour de son Pasteur ? L'entendez-
vous l'acclamer de toute l'ardeur de sa reconnaissance ?
Il nous a baptisés, disent les uns, il nous a préparés au
beau jour de notre première communion, disent les
autres, c'est lui qui a béni notre union disent ces époux
chrétiens et s'ils pouvaient apparaître ici, tant de malades,
tant de mourants qu'il a assistés, c'est lui, diraient-ils,
oui, c'est lui, ce bon Pasteur, qui nous a ouvert la porte
du Ciel. Oui, il est de la famille de ces Apôtres de la
charité dont le zèle et la bonté ne se sont jamais ralentis
quorum pietates non defuerunt. Et joignant leur voix à
ce concert de reconnaissance et d'amour, j'entends ces
honorables administrateurs redire aussi avec quelle
prudence, quelle sagesse et quelle bonté, il a su leur

rendre douce la tâche souvent difficile de l'administra-
tion d'une paroisse en formation.

« Et je termine : O vous, Monseigneur, ô Père, puis-
que vous avez bien voulu relever cette fête de l'éclat
de votre présence, mettez le comble à votre générosité.
Nous voulons former un vœu pour ce vénéré Pasteur,
celui de le voir longtemps encore au milieu de nous.
Permettez-nous de vous le confier, à Vous, ce vœu de
nos cœurs; passant par vos lèvres de Pontife et de
Père notre prière arrivera plus puissante jusqu'au cœur
de Dieu, nous serons exaucés !

« Et alors, dans les élans de notre filiale reconnaissance, nous reprendrons notre prière, et, la faisant monter vers le Ciel, nous dirons à Dieu, en le priant et
pour vous, Monseigneur, et pour notre vénérable
Curé.

« O Dieu ! Conservez au diocèse son Pontife, à la
paroisse son Pasteur !

« A tous les deux, Seigneur, donnez de longues
années. AD MULTOS ANNOS ! »

Cette allocution fut écoutée avec le plus religieux
respect.

Monseigneur monte alors en chaire et dans une très
belle improvisation que nous regrettons de ne pouvoir
pas reproduire, après avoir retracé les liens sacrés
qui unissent l'Evêque à ses prêtres, liens qu'il est heureux de resserrer de plus en plus, en s'associant à la joie
du troupeau qui fête son Pasteur, il s'attache à montrer
ces œuvres d'un bon Pasteur au milieu de son troupeau

et il se plaît à saluer en M. l'abbé Gosselin, le Pasteur dévoué, le prêtre selon le cœur de Dieu, bien digne des honneurs qui lui sont rendus en ce jour. Heureux de présider cette fête et de rendre ce beau témoignage au cher curé, le prélat termine par quelques paroles à la gloire de Marie-Immaculée dont on célèbre la fête et qui est la patronne de la paroisse; il remet alors entre ses mains les vœux ardents qu'il forme pour le troupeau et son Pasteur.

Après ces paroles, écoutées par les fidèles avec une respectueuse attention, M. le Curé entonne le *Credo* et la Messe se continue au milieu du recueillement général. Pendant l'Offertoire et le Saint-Sacrifice, nous avons entendu successivement la voix si pure et si sympathique de Mlle Lassire, les mâles accents de MM. Saas, Hébert et Lecacheur, et aussi les douces harmonies que Mme Dupré et M. Robert savent tirer de leurs beaux instruments. La Messe terminée, Monseigneur donne solennellement la Bénédiction et il est reconduit en procession au portail de l'église par le Clergé.

Après la cérémonie religieuse, M. le Curé a réuni tous ses confrères présents et MM. les Membres du Conseil de Fabrique dans des agapes fraternelles présidées par Monseigneur. Vers la fin du repas, au moment où le Pontife allait se retirer, M. le Curé s'est levé et, d'une voix émue, a adressé à Monseigneur les touchantes paroles que nous sommes heureux de reproduire comme couronnement de cette belle fête.

« MONSEIGNEUR,

« Je suis confus des honneurs dont je suis l'objet en ce jour. Votre Grandeur daigne interrompre ses travaux pour venir présider une fête qui m'honore au-delà de mes humbles mérites et qui réjouit la paroisse entière.

« Ici depuis 25 ans, les succès ont dépassé mes espérances. A peine une idée était-elle émise, qu'elle était réalisée ; une nécessité se faisait-elle sentir, que toutes les bourses s'ouvraient pour y pourvoir.

« La Vierge Immaculée dominait les intelligences et les cœurs ; elle les remuait au gré de sa volonté toute-puissante ; les plus grands sacrifices étaient acceptés avec un noble dévouement. Cette église était la première du diocèse, dédiée à sa Conception-Immaculée, elle a voulu y imprimer le cachet de son amour.

« Nous avons traversé des épreuves difficiles et toujours les administrations m'ont prêté le concours de leurs lumières et de leur générosité. Tout s'est fait comme par enchantement dans une parfaite union. Le Grand Cardinal nous a comblés de sa bienveillance ; il se plaisait à prier en cette église. Il avait contribué, plus que tout autre, avec le bon Abbé Poulain à la formation de la paroisse ; il a tenu à présider les plus grandes cérémonies : la bénédiction du temple, des autels, des cloches, de l'orgue, en un mot il a voulu présider à toutes nos fêtes. Mais dans les desseins de Marie, il était réservé à Votre Grandeur de consacrer toutes les œuvres par une cérémonie particulière et de couronner l'édifice spirituel et temporel par la célébration du 25ᵉ anniversaire de la fondation et de l'union de la paroisse avec son Pasteur.

« Reconnaissance d'abord aux membres de la Fabrique qui m'ont si bien aidé, en me donnant autant de preuves d'estime et d'amitié ! Reconnaissance encore aux âmes généreuses qui jusqu'à ce jour, se sont imposé des sacrifices pour la décoration du temple et pour la pompe du culte ! Reconnaissance aux dignes prêtres, mes vicaires, qui, pendant 25 ans, ont, conjointement avec moi, travaillé à la vigne du Seigneur ! Reconnaissance à notre bien-aimé doyen qui, de concert avec MM. les Marguilliers et les Vicaires, a organisé cette belle fête ! Reconnaissance enfin à mes vénérés confrères. Par leur présence ils me montrent une fois de plus la délicatesse de leurs sentiments et les touchantes sympathies de leur cœur ; tous ont fait de ce jour un jour de triomphe pour ma vieillesse.

« A vous surtout Monseigneur, honneur, amour et gloire ! En ma personne, vous honorez le Sacerdoce et vous méritez que le Sacerdoce vous entoure des affections de son dévouement.

« Vous nous représentez le Vicaire du Christ Sauveur ; plus que jamais, nous inclinons nos têtes sous vos mains paternelles pour recevoir, avec la grâce, l'esprit de zèle et d'immolation au salut des âmes et à Dieu. »

Bien dites et bien senties, ces paroles ont été entendues avec une affectueuse émotion. Monseigneur y a répondu en quelques mots empreints d'une paternelle bonté. Avec la gracieuseté qu'on lui connaît, il a formé des vœux pour qu'il lui soit donné de voir les noces d'or du vénérable Pasteur. La fête prenait fin et tous se sont séparés avec la joie et les douces émotions de cette journée.

Les pauvres n'ont pas été oubliés dans cette belle fête, une large distribution de pain et de viande leur a été faite après la messe au nom de M. le Curé.

Puisse le bon Pasteur vivre de longues années encore au milieu de son troupeau !

Ad multos annos!

Rouen. — Imp. E. Marguery et C*, 4, rue Moiteuse.